GUIDE

POUR L'EMPLOI DE

L'ÉLECTRICITÉ EN MÉDECINE

PRINCIPALES APPLICATIONS
DE L'ÉLECTROTHÉRAPIE ET DE LA RADIOTHÉRAPIE

PAR

Le Dr H. GUILLEMINOT

ANCIEN CHEF DU LABORATOIRE D'ÉLECTROLOGIE
DU PROFESSEUR BOUCHARD A L'HÔPITAL DE LA CHARITÉ
LAURÉAT DE L'INSTITUT

PARIS

G. STEINHEIL, ÉDITEUR
2, RUE CASIMIR-DELAVIGNE, 2

1906

GUIDE

POUR L'EMPLOI DE

L'ÉLECTRICITÉ EN MÉDECINE

GUIDE

POUR L'EMPLOI DE

L'ÉLECTRICITÉ EN MÉDECINE

PRINCIPALES APPLICATIONS
DE L'ÉLECTROTHÉRAPIE ET DE LA RADIOTHÉRAPIE

PAR

Le Dʳ H. GUILLEMINOT

ANCIEN CHEF DU LABORATOIRE D'ÉLECTROLOGIE
DU PROFESSEUR BOUCHARD A L'HÔPITAL DE LA CHARITÉ
LAURÉAT DE L'INSTITUT

PARIS

G. STEINHEIL, ÉDITEUR
2, RUE CASIMIR-DELAVIGNE, 2

1906

PRÉFACE

Ce petit recueil s'adresse en particulier aux médecins non électriciens.

Il n'a pas la prétention de guider le médecin non électricien pour lui permettre d'appliquer à l'occasion une forme d'électricité qu'il peut avoir à sa disposition ; on n'écrit pas plus un formulaire d'électricité qu'un formulaire de chirurgie, et tous ceux qui voudraient eux-mêmes faire des applications thérapeutiques, trouveraient les indications techniques dans mon *Traité d'électricité médicale*, et non ici.

Mon but, en résumant en quelques lignes les principales applications de l'électricité à la médecine, est de mettre aux mains du praticien les indications nécessaires pour lui permettre de guider et renseigner ses malades ; de leur dire s'ils peuvent attendre un résultat heureux d'une intervention électrique, de les éclairer sommairement sur la forme du traitement qui leur sera appliquée.

J'ai fait précéder ce formulaire de quelques notions physiques et physiologiques qui remettront en mémoire les faits étudiés au début des études médicales, et aideront à comprendre sans peine les indications sommaires de la deuxième partie.

PREMIÈRE PARTIE

NOTIONS SUR LES DIVERSES MODALITÉS DE L'ÉNERGIE ÉLECTRIQUE EMPLOYÉE EN MÉDECINE

I. — COURANT GALVANIQUE OU CONTINU

Définition. — Le courant continu est le phénomène qui se passe le long d'un conducteur dont les extrémités sont maintenues à une différence de potentiel donnée.

Production. — Pour maintenir les extrémités d'un conducteur à une différence de potentiel donnée on emploie soit une réaction chimique (piles, accumulateurs), soit une force mécanique (dynamo), soit une action physique (pile thermo-électrique, etc.), soit en général un phénomène continu capable d'engendrer ce qu'on appelle une force électromotrice.

Pile. — Le cas le plus facile à concevoir est celui de

la pile ; une lame de zinc plongée dans de l'eau acidulée est attaquée par cette eau acidulée. La décomposition s'accompagne d'une production d'électricité. Le liquide devient positif par rapport au zinc qui est négatif, de sorte que si l'on réunit extérieurement le zinc à une électrode inattaquable (cuivre ou charbon) plongeant dans le liquide un courant s'établit dans le conducteur.

Loi du courant. — Ce courant est d'autant plus intense que la force électromotrice créée par la réaction chimique est plus grande ; il est d'autant plus intense aussi que la *résistance* opposée par le conducteur au passage du courant est plus faible, c'est la loi d'Ohm qui s'exprime par la relation $I = \dfrac{E}{R}$ (I = intensité ; E = force électromotrice ; R = résistance).

Volt, Ohm, Ampère. — L'unité de force électromotrice s'appelle *Volt*, l'unité de résistance s'appelle *Ohm*, l'unité d'intensité de courant s'appelle *Ampère*. Le courant produit par une force électromotrice de 1 volt, dans un circuit de 1 ohm de résistance, a une intensité de 1 Ampère.

En pratique, on ne s'occupe guère de la force électromotrice telle qu'elle est produite au lieu même de sa génération, mais de la différence de potentiel qu'elle crée aux bornes du générateur où on la recueille. L'unité de différence de potentiel est aussi le volt.

Représentation du courant — Quantité d'électricité. — On peut comparer le courant électrique à l'eau qui s'écoule dans un tuyau vertical. La différence de potentiel est la hauteur de chute; l'intensité est le débit. Quant à la quantité débitée dans un temps donné elle se mesure en litres ou en mètres cubes s'il s'agit d'eau, et en *coulombs* s'il s'agit d'électricité. Un coulomb est la quantité d'électricité débitée par un courant de 1 Ampère circulant pendant une seconde.

Courants employés pour la galvanisation médicale. — En médecine on emploie des courants de 0 à 60 volts environ et le débit se mesure en millièmes d'ampères ou *milliampères*. On dit en général : pour tel cas employer un courant de n *milliampères* pendant t *minutes*. Le coulomb n'est pas pratique pour l'usage ordinaire.

Les générateurs médicaux les plus employés sont les batteries de piles ou accumulateurs, les secteurs de ville, plus rarement les dynamos actionnés par un moteur.

Les *piles* se composent de 24 à 36 éléments couplés en tension, c'est-à-dire le + de l'une relié au — de la suivante et ainsi de suite. La force électromotrice de la batterie est proportionnelle au nombre des éléments en circuit.

Les *accumulateurs* ou piles secondaires sont couplés de même façon, mais il suffit de 16 à 24 éléments environ.

Quand on emploie les piles ou accumulateurs, un collecteur permet de mettre en circuit le nombre d'éléments nécessaire pour arriver à l'intensité désirée.

Les *secteurs* de ville débitent soit du courant continu, soit du courant alternatif, c'est-à-dire du courant qui change de signe par inversion des pôles un nombre assez considérable de fois par seconde (40 à 80 fois en général). Dans le premier cas seulement on peut l'utiliser directement pour la galvanisation en observant certaines conditions d'isolement de l'opérateur et du patient pour les secteurs de Paris, et en utilisant un rhéostat ou un réducteur de potentiel pour en régler l'intensité.

Le *rhéostat* est une résistance graduelle et réglable mise en circuit.

Le *réducteur* est une résistance de plusieurs milliers d'ohms sur laquelle on ferme le circuit de ville, et l'on en dérive le courant d'emploi à l'aide de contacts dont on fait varier la position, comme si, sur un tuyau d'écoulement d'eau de 10 mètres de haut par exemple, on pouvait à volonté dériver des canalisations entre deux points écartés de distance variable, de telle sorte que la différence de niveau varie avec l'écartement depuis 0 jusqu'à 10 mètres.

La mesure des courants employés en médecine se fait surtout à l'aide du *milliampèremètre*. Le principe de l'appareil est qu'un aimant et un courant exercent une action mécanique l'un sur l'autre, et, s'ils sont mobiles, ils s'orientent l'un par rapport à l'autre. Autrement dit, sous l'influence d'un courant, un aimant convenablement disposé change sa position d'équilibre qu'une action mécanique quelconque tend à lui faire reprendre. La déviation étant proportionnelle à l'intensité peut lui servir de mesure.

Actions physiologiques du courant galvanique. — Deux électrodes reliées aux pôles du générateur étant appliquées sur les téguments, au moment où l'on établit brusquement le courant et au moment où on le supprime brusquement, il y a sensation de choc et contraction musculaire. Mais ces effets, utiles surtout à étudier pour le diagnostic de certaines affections nerveuses et musculaires, ne sont pas ceux que l'on cherche quand on galvanise le corps humain. Ce sont les effets de l'état permanent du courant qui sont à considérer.

Les effets de l'état permanent du courant sur le corps sont de deux espèces : des phénomènes d'électrolyse ou actions physicochimiques ; des phénomènes de conduction spéciale ou effets physiologiques.

Les premiers sont dus au transport des ions ou molécules dissociées comme elles le sont dans les solutions diluées. Ainsi le chlorure de sodium en se dissolvant donne deux ions Na et Cl, l'un positif, l'autre négatif. Si l'on fait passer un courant, l'ion positif va vers le pôle — et inversement. De là les actions dites actions polaires dues à l'arrivée des ions + au pôle — et des ions — au pôle +.

Non seulement il y a transport des ions intraorganiques, mais pénétration des ions des électrodes à travers les téguments. Ainsi on donne vite les symptômes de l'intoxication strychnique en soumettant un lapin au passage du courant lorsque l'électrode positive est faite d'une solution de sulfate de strychnine, tandis qu'une électrode négative de la même solution ne produit rien, l'ion strychnine allant vers le pôle négatif. C'est là une source d'applications thérapeutiques des plus intéressantes et déjà entrée dans le domaine de la médecine positive depuis de nombreuses années.

La deuxième catégorie d'effets, réunis sous le nom d'électrotonus, intéresse surtout les nerfs. Je renvoie pour leur étude à mon traité d'*Électricité médicale* (p. 223).

II. — COURANT FARADIQUE

Définition et production. — Le courant faradique est le courant produit par les bobines d'induction ou bobines de Ruhmkorff. Cet appareil est constitué par une bobine de gros fil ayant dans son axe un noyau de fer doux qui s'aimante lorsque le courant passe dans la bobine. Cette première bobine appelée inducteur est entourée d'une seconde bobine de fil fin qui peut la recouvrir plus ou moins à volonté et qu'on appelle induit. Quand on lance brusquement un courant dans l'inducteur, il se produit un courant de sens contraire dans l'induit. Quand on supprime brusquement un courant dans l'inducteur, il se produit un courant de même sens dans l'induit, ces ondes secondaires de fermeture et d'ouverture du courant primaire sont les ondes faradiques. La première est plus étalée et d'un voltage moins élevé ; la deuxième, d'un voltage plus élevé est l'onde efficace. C'est elle qui définit la polarité de la bo·bine. On appelle pôle $+$ de la bobine secondaire le pôle où l'onde efficace a le signe $+$, et on néglige l'onde étalée qui a une polarité inverse.

Bobines médicales. — Les bobines médicales se composent du système des deux bobines engainées que nous venons de décrire, avec un interrupteur automatique. Les interrupteurs des bobines sont faciles à concevoir dans leur principe : quand le courant passe, le noyau de fer doux de la bobine s'aimante. Si l'on place en regard d'une de ses extrémités une petite masse de fer doux portée par une tige flexible, elle sera attirée dès que passera le courant. Mais si la tige flexible est munie d'un contact qui se rompt lorsque l'aimant agit, on conçoit que le courant qui naît produise lui-même son interruption immédiate par l'intermédiaire de l'aimant.

Dès que l'interruption a lieu la tige revient à sa position naturelle, le contact se rétablit, le courant passe de nouveau et le cycle recommence.

On règle le courant en engainant plus ou moins la bobine induite ; ou encore en glissant plus ou moins entre l'inducteur et l'induit un cylindre de métal dans lequel se développent des courants induits qui se ferment sur eux-mêmes (courants de Foucault), absorbant ainsi plus ou moins l'énergie inductive de la bobine centrale.

Effets physiologiques. — La succession des ondes induites produit la contraction musculaire et en même temps une sensation particulière atteignant vite le seuil de la douleur quand on augmente l'intensité. La contraction musculaire est très variable d'aspect suivant l'état des muscles. Pour explorer un muscle on place une grande électrode reliée à un pôle de la bobine sur une région indifférente du corps, et à l'aide d'un petit tampon mouillé relié à l'autre pôle on va à la recherche du point moteur du muscle, qui correspond en général au point où les filets nerveux moteurs le pénètrent. Le

déplacement du point moteur indique un état patholo-
gique.

L'étude comparée de la façon dont réagit le muscle
aux chocs de fermeture et d'ouverture du courant continu, et aux ondes faradiques constitue le chapitre le
plus important de l'électro-diagnostic. — Si l'on augmente progressivement l'intensité d'un courant galvanique tout en produisant des interruptions et des inver-
sions de pôles, on voit que normalement les contractions
apparaissent d'abord à la fermeture sous le pôle négatif, puis à la fermeture sous le pôle positif, puis à l'ouverture sous le positif, et enfin à l'ouverture sous le
négatif. Cette formule normale se modifie et se renverse
parfois en même temps que les secousses deviennent
traînantes et que se perd la contractilité faradique ;
c'est **la réaction de dégénérescence** (R D) dont on
peut trouver une série de degrés.

L'emploi méthodique du courant faradique permet
de régénérer des muscles atrophiés.

Le *courant de Watteville* est une combinaison du
courant continu et du courant faradique ; il a des indications importantes.

III. — COURANT SINUSOÏDAL

Une spire métallique tournant dans un champ magnétique (telle qu'une spire d'une des bobines d'une machine dynamo), est le siège d'un courant alternatif d'une forme particulière dont le graphique représente ce qu'on appelle en géométrie une sinusoïde. C'est ce courant qu'on redresse par les commutatrices de dynamo quand on veut obtenir par ce procédé du continu. Si on le recueille tel qu'il est, il conserve donc cette forme sinusoïdale. Certains secteurs de Paris, par exemple celui des Champs Elysées, débite du sinusoïdal, de sorte qu'aux pôles de l'emploi le courant change de sens périodiquement (42 périodes par seconde sur ce secteur).

Les effets physiologiques se rapprochent beaucoup de ceux du courant faradique, mais il faut ne pas oublier qu'ici les ondes positives et négatives sont égales en quantité et en tension.

IV. — COURANT DE HAUTE FRÉQUENCE

Définition. — Prenons un courant alternatif sinusoïdal de 42 périodes par seconde ; augmentons par la pensée le nombre des alternances de 42 à 1.000, à 10.000, à 1 million et plus, nous tombons, à partir de 100.000 environ, dans une forme particulière de l'énergie électrique qu'on appelle haute fréquence.

Cette division entre la haute et la basse fréquence n'est pas seulement un classement facultatif, une vue de l'esprit ; à partir de ces fréquences élevées toute une série de phénomènes nouveaux apparaissent.

Caractères principaux des courants de haute fréquence.— Dans le *domaine physique*, ils se caractérisent par deux ordres de faits capitaux :

Le premier, c'est que les phénomènes d'induction prennent une importance telle qu'ils dominent tous les autres phénomènes ;

Le deuxième, c'est que l'éther ambiant subit, du fait des oscillations électriques dont les conducteurs sont le siège, un ébranlement vibratoire de même nature que celui de la lumière et transmis avec une vitesse égale aussi à 300.000 kilomètres à la seconde.

Dans le *domaine de la physiologie*, ils se caractérisent par ce fait que les alternances, lorsqu'elles dépassent 10.000 par seconde, ne produisent plus de contractions musculaires, ni de choc sensitif ; mais des effets physiologiques et thérapeutiques nouveaux apparaissent : accélération des échanges nutritifs, modification des tégu-

Guilleminot 2

ments dans les maladies de peau, etc. Ces effets en font un agent précieux en médecine électrique.

Mode de production. — Terminons en disant un mot de leur mode de production : ce n'est pas par un artifice mécanique qu'on peut arriver à ces alternances élevées, on utilise pour les produire la décharge des condensateurs ou bouteilles de Leyde. Cette décharge dans certaines conditions bien définies est oscillante, et les fils complétant le circuit de l'étincelle sont le siège de ces oscillations rapides que des dispositifs spéciaux permettent d'utiliser.

Ces dispositifs sont de deux sortes : les uns appelés résonateurs (hélices, bobines ou spirales) permettent d'élever la tension des courants de haute fréquence de manière à débiter de l'effluve ou des étincelles, les autres sont constitués par un circuit au milieu duquel on place le patient de manière à développer chez lui par induction ou auto-conduction des courants analogues aux courants de Foucault (Hélice d'auto-conduction, spirales).

V. — ÉLECTRICITÉ STATIQUE

Définition. — C'est l'électricité produite par les machines électrostatiques qui sont en réalité des génératrices de courant à haut potentiel et faible débit par transformation d'un travail mécanique en énergie électrique. Le nom de statique vient de ce fait que dans certains cas, des corps tels que l'ébonite, le verre, la résine, paraissent garder à l'*état stable* sur leur surface l'électricité qu'on y a développée. On a cru longtemps que l'électricité statique différait par sa nature de l'électricité dynamique ou électricité produite par les piles, en réalité il n'y a entre elles que des différences de tension (hauteur de potentiel) et de quantité dans les conditions où on les produit habituellement.

Production. — Les machines électrostatiques ont d'abord été des machines à frottement : frottement des mains contre une boule de soufre ou un plateau tournant (Otto de Guericke, 1672, Ramsden, 1760) ; depuis ce sont les phénomènes d'influence et de condensation électrostatique qui ont servi de base aux nouvelles machines (Holtz, Wimshurst).

Emploi. — Ces machines permettent d'une part de porter le corps du patient à un potentiel très élevé, et, l'électricité se perdant dans l'atmosphère par la surface du corps, de le soumettre à un courant de haut potentiel ; d'autre part, de produire du souffle, des effluves, des étincelles grâce à l'emploi d'excitateurs divers, ces différentes formes trouvant toutes une série d'applications en médecine.

Condensateurs. — Quand on veut renforcer les effets de l'étincelle on adjoint aux conducteurs de la machine des condensateurs ou bouteilles de Leyde : ce sont des feuilles d'étain séparées par du verre ; l'électricité se condense sur ces feuilles d'étain et s'y accumule comme elle le ferait sur un conducteur simple de très grande surface sans pour cela que la tension, qui tend à faire éclater l'étincelle augmente. Aussi, quand la *tension* nécessaire pour faire éclater l'étincelle à la distance proposée est atteinte, y a-t-il une *quantité* d'électricité mobilisée bien supérieure à ce qu'elle était sans le condensateur. C'est ce qui fait ces grosses et puissantes étincelles des machines à forts condensateurs.

Capacité. — Ceci m'amène à dire un mot de la *capacité* électrique. La capacité c'est le rapport de la quantité, de la charge, au potentiel. Ainsi prenons un conducteur, chargeons-le à une tension de 10.000 volts, il nous faudra pour cela une certaine quantité d'électricité mesurée en coulombs ; prenons un 2ᵉ conducteur de forme et de surface différentes : proposons-nous de le charger à la même tension, la quantité d'électricité nécessaire ne sera plus la même : il faudra un nombre de coulombs différent. Eh bien, ce qui les différencie c'est la capacité. L'unité de capacité s'appelle le Farad. Nous n'avons guère en pratique médicale à l'employer.

Courants de Morton. — Les machines statiques

munies de leur condensateur nous permettent d'utiliser
une forme spéciale de courant qu'on appelle les courants
de Morton : c'est l'application au corps humain de l'é-
branlement produit dans un circuit électrique lorsqu'une étincelle éclate en un point de ce circuit situé
loin du corps. Ainsi quand on réunit les deux armatures externes des bouteilles de Leyde suspendues aux
conducteurs de la machine à deux points différents du
corps humain et qu'on fait éclater l'étincelle entre les
boules polaires réunies aux armatures internes, la partie du corps séparant les deux points d'application reçoit
un choc caractéristique, plus profond, plus puissant,
que le choc faradique, et intéressant les muscles lisses
plus particulièrement. D'où l'emploi des courants de
Morton contre les atonies intestinales et la constipation.

VI. — RAYONS X

Définition et production. — Ce sont des radiations
du même ordre que les rayons lumineux, mais de lon-
gueur d'onde plus courte. On les produit par l'emploi
des tubes à vide spéciaux (tubes ou ampoules de Crookes
ou de Röntgen) dans lesquels on fait circuler un courant
de haut potentiel, tel que celui produit par les bobines
ou transformateurs et les machines statiques. Ces cou-

rants donnent naissance, dans l'intérieur du tube à un transport de petites masses matérielles appelées particules cathodiques, et le choc de ces particules contre les parois du verre ou mieux contre un disque de platine (anticathode) donne lieu à des vibrations spéciales de l'éther qui ne sont autres que les rayons X.

Qualité des Rayons X. — On connaît aujourd'hui toute une gamme de rayons X comme on connaît les différentes couleurs du spectre solaire. Chaque espèce a ses propriétés. On les définit en pratique par leur faculté de pénétration de l'aluminium comparée à celle de l'argent (Radiochromomètre de Benoist). De sorte qu'on distingue par ordre de pénétration douze degrés de rayons. On dit, par exemple : rayons n°s 3, 4, 5 comme peu pénétrants, convenant au traitement des maladies de peau ou aux radiographies de parties peu épaisses, telles que la main. Ils donnent beaucoup d'opposition entre les os et les parties molles sur le cliché. Les rayons 7, 8, 9, conviendront au traitement des affections plus profondes, aux radiographies des régions épaisses.

Intensité de l'irradiation. — A côté de la qualité de rayon que nous venons de définir il y a un autre facteur non moins important à considérer, c'est l'intensité de la radiation considérée d'où dépend la quantité de rayons absorbés, la quantité d'effets produits. Outre qu'elle est fonction inverse du **carré** de la distance, elle dépend de beaucoup d'autres facteurs. On l'évalue par différents procédés qui presque tous ont leurs défauts.

Utilité en médecine. — 1º Diagnostic. — En médecine nous nous servons des rayons X comme moyen d'exploration (radioscopie et radiographie) et comme moyen de traitement (X Radiothérapie).

La *radioscopie* est le procédé d'exploration le plus simple, il comporte l'emploi d'un tube mobile et d'un écran.

Si l'on veut comparer avec précision les deux côtés du corps, explorer sous une incidence donnée une région, mesurer des organes comme le cœur, etc., la radioscopie simple doit être complétée par l'emploi judicieux du rayon normal au plan d'examen (orthodiographie).

La *radiographie* fournit des indications plus absolues, surtout en chirurgie. Elle nécessite toutes les manipulations de la photographie ordinaire. La radiographie stéréoscopique, a donné entre les mains de plusieurs auteurs des résultats remarquables. Les épreuves donnent la sensation du relief comme la stéréoscopie ordinaire.

2º Thérapeutique. — La radiothérapie comporte, outre emploi du tube, l'usage d'appareils protecteurs en métal, verre au plomb, caoutchouc opaque, etc.

Les applications sont toujours délicates, mais avec

l'habitude on arrive très bien à produire l'effet cherché sans le dépasser.

Les effets physiologiques des rayons X procèdent en grande partie de leur action élective sur les éléments jeunes, cellules embryonnaires ou aux premiers stades de formation. De là la production facile de monstruosités pendant la gestation ou l'incubation, de là l'action excitante et nocive sur les éléments glandulaires ou épithéliaux jeunes, sur les cellules génératrices ovules ou spermatozoïdes, sur les éléments cancéreux, etc.

VII. — LUMIÈRE ET CHALEUR. GALVANOCAUSTIQUE

Les radiations lumineuses et caloriques, facteurs capitaux dans la vie des êtres sont des agents curateurs dans beaucoup de cas. La lumière de l'arc électrique modifie puissamment les téguments et tout le monde connaît aujourd'hui les merveilleux résultats du procédé photothérapique de Finsen contre le lupus. L'action thérapeutique de la chaleur est connue depuis longtemps. L'électricité intervient dans sa production soit par l'intermédiaire de lampes chauffantes, soit par l'intermédiaire de fils résistants qui s'échauffent sous l'action du courant.

Le cautère électrique a réalisé un progrès immense pour les cautérisations chirurgicales, cautérisation des amygdales, ablations, ouvertures d'abcès, etc. La finesse de la pointe de platine et la commodité que l'on a de la maintenir au rouge blanc, même au contact des tissus, font un jeu de certaines interventions très délicates autrefois.

VIII. — OZONE

L'ozone, gaz dérivé de l'oxygène s'obtient soit par l'effluvation statique ou de haute fréquence, soit par les petites bobines d'induction dont la décharge traverse une paroi de verre. L'ozone très dangereux pour les voies respiratoires à haute dose, a une action modificatrice puissante sur les muqueuses et la nutrition générale quand on l'emploie à dose thérapeutique.

IX. — AIMANTS.— ÉLECTRO-AIMANTS

Les aimants permanents et électro-aimants ordinaires n'ont guère d'utilité en médecine que pour le traitement de certaines manifestations de l'hystérie. Les électro-puissants servent à extraire les corps étrangers, surtout ceux de l'œil. On étudie actuellement l'action des champs

magnétiques oscillants. Ils sont produits par un électro-
aimant dans lequel on lance un courant alternatif sinusoïdal.

X. — MÉCANOTHÉRAPIE

On entend sous le nom de mécanothérapie toute la
gymnastique passive à laquelle on soumet le corps ou
une région du corps, depuis le massage vibratoire produit par un moteur électrique, jusqu'aux mouvements
les plus variés imprimés aux membres par des appareils.

DEUXIÈME PARTIE

PRINCIPALES INDICATIONS DE LA THÉRAPEUTIQUE ÉLECTRIQUE ET DES AGENTS CONNEXES

Acné. — D'une façon générale, la peau atteinte d'acné est modifiée heureusement par l'effluvation de haute fréquence et les diverses radiations, surtout les rayons X. Les rayons X agissent à petite dose comme agent irritant des glandes sébacées ; à plus fortes doses ils vont jusqu'à provoquer leur atrophie.

Acné hypertrophique. — **Rhinophyma.** — S'il y a télangiectasie : électrolyse monopolaire négative ; s'il y a comédons, agir comme pour l'acné ponctuée. En général : traiter l'hypertrophie glandulaire par le procédé appliqué aux comédons. Traiter l'hyperplasie du tissu fibreux par les cautérisations ou l'électroponcture négative (5 a 6 mA pendant 8 à 15 secondes).

Acné ponctuée. — **Comédons.** — **Points noirs du nez.** — Doit être traitée dans les cas où elle devient trop disgracieuse. Electrolyse avec aiguille négative introduite dans l'orifice glandulaire (2 à 3 mA). Le comédon s'évacue et la glande subit la transformation fibro-cicatricielle.

Acné rosée. — S'il y a télangiectasies : pratiquer l'électrolyse monopolaire négative (V. p. 510 de mon *Traité d'électricité médicale*) ou bipolaire comme pour les angiomes. Dans les autres cas : haute fréquence (effluvation), rayons X, finsenthérapie.

Adénites. — Adénopathies. — Dans les adénopathies non tuberculeuses : employer la galvanisation. Cathode sur le ganglion I = OmA, 5 par centimètre carré de cathode, environ, 15 minutes tous les deux jours.

Dans les adénopathies tuberculeuses les rayons X donnent parfois d'excellents résultats (Bergonié, Béclère). Le succès des rayons X dans les tuberculoses locales (articulations, peau etc.) permet de regarder ce procédé curatif comme l'un des plus efficaces dans tous les cas analogues.

Amygdales (Hypertrophie des). — Cautérisation avec le galvano-cautère. — Ablations totales ou partielles avec l'anse galvanothermique.

Anévrismes. — Diagnostic. — L'examen du médiastin par les rayons X est l'un des procédés les plus précis qui nous permettent d'affirmer les anévrismes de l'aorte.

Traitement. — Galvanoponcture positive, suivant une technique très délicate pour laquelle je renvoie à mon traité (p. 431).

Angiomes. — Nœvi vasculaires. — Voir : *Nœvi.*

Ankyloses. — Les ankyloses sont très améliorées par l'emploi du courant continu, qu'on peut d'ailleurs aider par la mécanothérapie, le massage, etc.

La radiothérapie a donné aussi des résultats.

Anus. — Fissure anale. — Prurit. — Parésie du sphincter. — La *fissure anale* se traite par les courants de haute fréquence appliquée à l'aide de l'électrode à manchon de verre ou de l'électrode conique de Doumer ; séances de 3 à 10 minutes 3 fois par semaine. Les résultats sont excellents et en général très rapides.

Le *prurit anal* se traite presque toujours avec succès par les courants de haute fréquence (effluves ou électrode à manchon de verre). En cas d'insuccès, employer la radiothérapie.

La *parésie du sphincter anal* se traite par le courant faradique rythmé à 30 oscillations du métronome par minute (électrode olivaire ou électrode rectale de Bergonié). Séances de 10 minutes à 1/4 d'heure 3 fois par semaine.

Pour les *Hémorrhoïdes.* — Voir : *Hémorrhoïdes.*

Arthrites. — *Diagnostic.* — Les rayons X permettent de diagnostiquer les arthrites et de les différencier. Ils permettent de constater outre le flou de l'interligne la raréfaction du tissu osseux des épiphyses dans certains cas.

Traitement. — Courant continu. Ionisation salicylée ou lithinée.

Le traitement local des arthrites rhumatismales par l'ion

salicylique donne d'excellents résultats. On prend comme électrode active une cathode de 100 à 200 centimètres carrés trempée dans une solution de salicylate de soude à 1 p. 100 et on l'applique sur l'articulation malade. Courant : de 40 à 120 mA. Durée : 1/4 d'heure à 1 heure. Séance tous les deux jours.

Si l'arthrite siège à l'extrémité du membre : pédiluve ou manuluve salicylé.

Dans les arthrites tuberculeuses : rayons X ; c'est un procédé curatif qui s'affirme de jour en jour davantage.

Asphyxie locale des extrémités. — Voir : *Gangrène sénile.*

Ataxie locomotrice progressive. — Voir : *Tabes.*

Atrésie du canal utérin. — Voir : *Utérus.*

Atrophies musculaires. — Voir : *Myopathies.*

Atrophie musculaire progressive. — (Type Aran-Duchenne).

Diagnostic. — Ce qui caractérise les atrophies musculaires ayant leur cause dans les lésions des cellules des cornes antérieures (type Aran-Duchenne et type scapulo-huméral de Vulpian) ou des noyaux bulbo-protubérentiels qui leur font suite (paralysie glosso-labio-laryngée, ophtalmoplégie externe), c'est que la DR (1) existe toujours plus ou moins complète, au contraire de ce qui a lieu dans les myopathies

(1) DR : Réaction de dégénérescence.

primitives telles que la myopathie atrophique progressive du type Landouzy-Dejerine.

Traitement. — L'électricité n'est qu'un adjuvant. On galvanisera la moelle et on galvano-faradisera les muscles atrophiés en appliquant la cathode sur le point moteur déplacé vers le tendon excentrique.

Atonie intestinale. — Voir : *Constipation.*

Bourdonnements d'oreille. — Voir : *Oreille.*

Calculs des voies urinaires. — Les calculs du rein peuvent être diagnostiqués par les rayons X. Les calculs uratiques sont les moins visibles, surtout ceux d'urate d'ammoniaque. Les oxalates et phosphates de chaux se voient beaucoup mieux étant d'une opacité égale ou supérieure à celle du squelette.

Cancer. — La radiothérapie a fait faire un pas énorme à la thérapeutique du cancer. Il serait prématuré de dire aujourd'hui ce qu'on guérira et ce qu'on ne guérira pas à l'aide des rayons X, mais ce qu'on peut affirmer c'est que les cancroïdes cutanés, même les cancroïdes très étendus et inopérables, les épithéliomes et carcinomes superficiels, les ulcérations cancéreuses du sein sont rapidement améliorées et même guéries par les rayons X ; c'est que les cancers profonds sont heureusement modifiés et les douleurs très diminuées ; c'est que dans certains cas non douteux des cancers profonds ont été guéris : sarcomes, carcinomes ou épithéliomes.

Que ces guérisons aient été parfois suivies de récidives,

que le plus souvent dans les cancers ulcérés la guérison de l'ulcération ne soit pas la guérison de la tumeur, que les résultats ne soient pas absolument constants, on ne peut le nier ; mais quand on songe que jusqu'ici la médecine a été absolument désarmée contre cette affection, on peut regarder actuellement les rayons X comme le seul agent ayant une action curative contre le processus cancéreux, action qui s'explique par leur influence toute spéciale sur les éléments jeunes ou embryonnaires. — V. pour la technique mon *Traité d'Electricité médicale* (p. 598).

Carcinome. — Voir : *Cancer*.

Cardiopathies. — Voir : *Cœur*.

Chéloïdes. — **Tissus cicatriciels.** — Plusieurs traitements amènent de bons résultats suivant les cas :

1° *Electrolyser* avec l'aiguille négative : le résultat est une légère rétraction et un arrêt de développement plutôt que la disparition complète du tissu chéloïdien (Brocq). On peut compléter par l'emploi d'emplâtres hydrargyriques ou chrysophaniques.

2° *Radiothérapie.* — Les cas de succès signalés sont déjà très nombreux.

3° *Electrolyse et ionisation.* — Les tissus cicatriciels, en général, subissent une fonte remarquable sous l'action de l'électrolyse négative. Application sur la partie à traiter d'une cathode ouatée imbibée de solution de NaCl, l'action de l'ion Cl étant favorable au traitement.

Chorée. — *Diagnostic* : Les réactions de la chorée sont normales, ce qui permet dans certains cas de la différencier de l'hémichorée.

Traitement. — Bains statiques 1/4 d'heure à 20 minutes suivis d'une douche de 5 minutes ; séances tous les 2 jours.

Il faut compter sur 15 à 20 séances, le résultat est souvent rapide.

En cas d'échec, galvanisation : cathode de 100 centimètres carrés sur la nuque, pédiluve positif. I $=$ 20 à 30 mA ; Durée 20 minutes, 3 fois par semaine.

Dans la chorée molle, galvano-faradiser les muscles flasques.

Chorée électrique. — Voir : *Tics.*

Cicatrices. — Voir : *Chéloïdes.*

Cœur (Affections du). — L'orthodiagraphie permet de mesurer exactement en centimètres carrés la surface du cœur et d'en conserver le graphique. La silhouette est obtenue sans déformation, en grandeur vraie, à l'aide du rayon normal promené autour de l'organe, 75 centimètres carrés de surface peuvent être regardés comme une moyenne pour la femme, 85 à 90 centimètres carrés pour l'homme d'âge moyen.

L'importance de cette mensuration est énorme non seulement dans les cardiopathies, mais pour le diagnostic et le pronostic de la tuberculose.

Col utérin (Atrésie du). — Voir : *Utérus.*

Colite muco-membraneuse en général. — Voir : *Intestin*.

Comédons. — Voir : *Acné ponctuée*.

Constipation. — La *constipation habituelle par atonie* se
traite par le courant faradique ou mieux par le courant de
Watteville appliqué soit à l'aide de deux électrodes externes
(procédé de Benedikt), soit au moyen d'une électrode externe
et d'une rectale (olive de Erb, ou lavement de Boudet de
Pàris). On emploie aussi le courant galvanique seul dans
ses périodes d'état variable. Une méthode qui s'implante de
plus en plus par suite de ses succès rapides est celle des
courants de Morton appliqués à l'aide d'une électrode
externe, et même en cas d'insuccès à l'aide d'une électrode
intra-rectale.

La *constipation spasmodique* se traite par le courant continu (période d'état permanent). On l'applique à l'aide d'une
grande électrode lombaire, et d'une grande électrode abdominale. On complète la séance par la faradisation de la
bobine à fil fin à intermittences très rapides, qui, contrairement à la galvano-faradisation à intermittences lentes
comme ci-dessus, épuise l'irritabilité et la tendance aux
contractions spasmodiques.

La *constipation avec colite muco-membraneuse* se traite
comme la constipation spasmodique. Il faut environ 35 séances pour obtenir un résultat durable (Voyez p. 582 de mon
Traité d'électricité médicale).

Corps étrangers. — On sait que le simple examen radioscopique suffit souvent pour fixer le médecin sur la présence des corps étrangers pénétrés par effraction dans les tissus ou entrés dans les voies naturelles. Il suffit souvent aussi pour permettre de faire une intervention dans les parties facilement accessibles grâce à quelques repères pris sur les téguments ou dans les parties profondes.

Mais pour les opérations de grande chirurgie, telles que l'extraction des projectiles intra-crâniens un appareillage très spécial est nécessaire, tel que le compas Massiot, le compas de Contremoulins, etc.

Couperose. — Voir : *Acné rosée.*

Crampes professionnelles. — Bains statiques de 15 minutes tous les 2 jours. Y adjoindre au besoin la galvanisation positive des muscles atteints.

Danse de Saint-Guy. — Voir : *Chorée.*

Déviation utérine. — Voir : *Utérus.*

Diabète. — Malgré des observations très heureuses et très concluantes d'amélioration et de disparition de la glycosurie sous l'influence du traitement par la haute fréquence, on ne peut affirmer encore d'une façon certaine l'abaissement du taux du sucre dans tous les cas.

Néanmoins, sous l'influence de l'auto-conduction on observe d'une façon constante le relèvement des forces.

Dilatation d'estomac. — Voir : *Estomac.*

Dysménorrhée. — Voir : *Utérus.*

Dyspepsie nervo-motrice. — Voir : *Estomac.*

Eczéma. — En général, on peut prévoir un excellent résultat des applications des *courants de haute fréquence*. Effluvation locale complétée par une séance d'auto conduction qui augmente l'activité des combustions organiques.

L'*effluvation statique* pratiquée à l'aide de la pointe ou du balai donne aussi des résultats rapides.

On fera trois séances par semaine, cinq minutes à dix minutes environ sur chaque zone.

En cas d'échec on aura recours aux rayons X.

L'air chaud, les bains hydriques à courants sinusoïdaux ont été aussi employés.

Engelures. — Les engelures sont rapidement améliorées et même guéries avec l'effluvation de haute fréquence et l'effluvation statique. Quelques séances, parfois même une seule, sont suffisantes.

Epilation. — Voir : *Hypertrichose. Teignes.*

Epithéliome cutané. — **Cancroïde.** — **Cancer épithélial cutané.** — Se traitent par la radiothérapie suivant la technique générale du cancer. — Voir : *Cancer.*

Epithéliome. — Voir : *Cancer.*

Estomac. — La dilatation d'estomac se traite par les courants de Morton appliqués extérieurement à l'aide de l'électrode nue sur la face antérieure de l'estomac. On la traite aussi par la galvanisation et la faradisation intra-stomacale.

Ce même traitement convient à certaines dyspepsies neuro-motrices telles que celles qui relèvent de la neurasthénie ou de la névropathie.

Favus. — Même traitement que les *teignes*.

Fibromes utérins. — Voir : *Utérus*.

Fissure sphinctéralgique. — Voir : *Anus*.

Fractures. — Voir : *Os*.

Gangrène sénile. — Cette maladie, résultat d'un spasme vaso-moteur, se traite par le courant continu ; 7 à 8 mA. — 10 minutes. — Les résultats sont d'ordinaire très satisfaisants.

Goître. — Electrolyse négative : appliquer une large électrode négative sur le goître, l'anode indifférente étant mise à la nuque.

On peut aussi recourir à l'électroponcture négative (forme fibreuse) ou positive (forme vasculaire).

Goître exophtalmique (Maladie de Graves ou de Basedow). — Le traitement électrique est le traitement de choix :

1° En premier lieu, on aura recours à la galvanisation :

Cathode de 60 à 100 centimètres carrés sur le goître et sur toute la région cervicale environnante, anode de 200 centimètres carrés sur la nuque. — $I = 30$ à 40 mA. — Durée = 15 minutes. Séances tous les jours ou tous les deux jours ;

2° Faradiser l'orbiculaire des paupières, la branche supérieure du facial, la région précordiale. Durée totale : 3 mois environ.

Résultat en général très heureux.

Goutte. — Activer les échanges nutritifs par l'auto-conduction ou le courant continu à haute intensité.

Traitement local par l'ionisation lithinée.

L'*auto-conduction* se fait à l'aide du grand solénoïde ou des deux spirales. Séance d'un quart d'heure à une demi-heure 3 fois par semaine.

Pour appliquer le courant continu, il y aura tout intérêt à combiner le traitement local avec le traitement général en employant comme cathodes de très larges plaques appliquées sur le dos et les lombes, et comme anodes des pédiluves ou manuluves lithinés, ou de larges plaques lithinées couplées ensemble de manière à utiliser de grandes intensités (50 à 200 mA). Durée : 30 à 45 minutes.

Le bain hydrique à courants sinusoïdaux donne aussi de bons résultats.

Hémiplégie. — *Diagnostic.* — Au début, on observe presque toujours une exagération de l'excitabilité galvanique et faradique. Mais tandis que l'exagération des réflexes peut faire prévoir la sclérose secondaire du faisceau pyramidal, l'exagération de l'excitabilité n'a pas cette signification.

Plus tard, il y a hypoexcitabilité.

Traitement. — Ne commencer le traitement qu'un mois après l'ictus.

S'il y a de la contracture, ne jamais faradiser. S'il y a paralysie flasque : faradiser ou galvano-faradiser les muscles, et accessoirement, suivant les cas, galvaniser le cerveau.

S'il y a menace de contracture au cours de l'électrisation, supprimer le courant faradique et galvaniser (Voyez *Traité d'électricité médicale*, p. 402).

Hémorrhagie cérébrale. — Voir : *Hémiplégie.*

Hémorrhagie utérine. — Voir : *Utérus.*

Hémorrhoïdes. — Les poussées aiguës, même très douloureuses, sont en général rapidement guéries par les courants de haute fréquence appliqués à l'aide de l'électrode conique de Doumer. La forme chronique demande un traitement beaucoup plus prolongé.

Hydarthrose. — La résorption du liquide est activée par la galvanisation négative. En cas d'échec la haute fréquence, en application locale, peut donner de bons résultats.

Hypertrichose. — **Epilation.** — 1º *Epilation électrolytique* avec l'aiguille négative introduite le long du poil jusqu'au bulbe pileux : 1 à 5 mA suivant les poils. Le seul accident désagréable est la persistance d'une petite induration ou cicatrice, accident pas très fréquent. Mais il faut savoir que le traitement est excessivement long et ne doit être entrepris qu'après certaines observations qu'on trouvera dans mon *Traité d'électricité médicale*, page 527.

2º *Rayons X.* — Les rayons X employés à dose convenable produisent l'atrophie de la papille, une dose insuffisante en produit l'excitation, une dose trop forte nuit à la peau. Il y a généralement une repousse qui nécessite plusieurs séries de séances à 2 mois d'intervalle.

Hypertrophie du cœur. — Voir : *Cœur.*

Hypertrophie de la prostate. — Voir : *Prostatite.*

Hystérie. — *Diagnostic* : Les paralysies hystériques n'entraînent jamais la DR même s'il y a atrophie musculaire. Les contractures et zones d'anesthésie se déplacent en général sous l'action de l'aimant (transfert).

Traitement. — Bain statique, séances quotidiennes de 5 à 20 minutes.

Traitement symptomatique. — L'anesthésie se traite par la pointe statique, la métallothérapie, la galvanisation, la friction électrique, le pinceau faradique ; la paralysie, par les mêmes moyens, elle disparaît souvent avec l'anesthésie ; les contractures et les hyperesthésies par le courant continu ; les vomissements incoercibles, par la galvanisation du pneumogastrique.

Impuissance. — Traitement variable suivant les causes. Les étincelles de haute fréquence sur la région lombaire combinées avec le traitement hydrothérapique approprié donnent souvent de bons résultats, 3 séances par semaine de 5 minutes.

Incontinence d'urine. — Il y a deux groupes d'incontinences justiciables du traitement électrique :

1º Incontinence des enfants (ordinairement nocturne) ;

2º Incontinence par faiblesse du sphincter, chez l'adulte ordinairement, liée souvent à une lésion médullaire.

Dans le premier cas le traitement de choix est d'arroser la région lombaire de puissantes étincelles statiques ou de haute fréquence. On aura intérêt à compléter par la faradisation rythmée avec une électrode lombaire et une électrode périnéale, vulvaire ou sus-pubienne.

Dans le deuxième cas faradisation intra-urétrale en portant l'olive jusqu'au niveau du sphincter, l'anode indifférente étant placée sur l'abdomen ou les lombes.

Intestin. — Occlusion. — L'occlusion dont il est souvent, on le sait, impossible de définir exactement la cause peut céder, dans beaucoup de cas au lavement électrique. Seulement il faut savoir que le lavement électrique agit en mettant en œuvre tous les muscles évacuateurs, en produisant la contraction des muscles abdominaux et des muscles intestinaux, c'est à-dire qu'il n'est pas sans danger sur un intestin que l'on peut supposer compromis par une obstruction due par exemple à un étranglement. Cette réserve faite, c'est un procédé excellent qui devrait toujours, dans beaucoup de cas, précéder l'intervention.

La technique en a été fixée par Boudet de Paris. Elle consiste à introduire de l'eau salée dans l'intestin à l'aide d'une sonde spéciale reliée à un pôle de la source galvanique, l'autre pôle étant relié à une grande électrode abdominale. Le courant est maintenu quelques minutes à 40, de telle sorte que l'électrode rectale soit +, il est ramené ensuite à 0, inversé, puis le métronome étant mis en circuit on provoque des secousses d'état variable.

Leucémie. — (Leucocythémie, lymphadémie). — Radiothérapie. Irradiation générale, et, en particulier, sur la rate, les ganglions ; les résultats sont certains aujourd'hui ; la maladie est justiciable de la radiothérapie.

Lithiases. — Le *diagnostic* ne nous intéresse guère qu'au point de vue de la radiographie des calculs du rein.

Le *traitement* est semblable à celui de la goutte (Voir : *Goutte*). — Auto-conduction par la haute fréquence. Galvanisation à haute intensité.

Le bain hydrique à courants sinusoïdaux donne aussi de bons résultats.

Lombago. — Voir : *Myalgie*.

Lupus érythémateux. — Le lupus érythémateux fixe doit être traité comme le lupus tuberculeux (Finsenthérapie).

Le lupus érythémateux aberrant est surtout justiciable de la haute fréquence, les rayons X donnent aussi d'excellents résultats. La haute fréquence s'applique à l'aide de l'électrode à manchon de verre. — 1, 2 à 3 séances par semaine suivant la réaction. Il faut de 25 à 70 applications environ.

Lupus tuberculeux et lupus érythémateux fixe. — De suite appliquer le traitement finsenthérapique à l'aide d'un des appareils à foyers intensifs qu'on trouve en assez grand nombre aujourd'hui. Avec l'appareil de Marie, 20 à

30 minutes par séance suffisent en général. — 1 heure avec le Finsen.

Pendant la réaction, appliquer la pommade :

Lanoline . . . . 10 grammes
Vaseline . . . . 5 »
Eau de chaux . . . . 10 »

Dès qu'il y a suintement, lavage avec une solution de bi-borate de soude à 30 0/0. Quand les croûtes sont tombées appliquer la pommade :

Oxyde de zinc . . . . ⎫
Amidon . . . . ⎬ àà 10 grammes.
Lanoline. . . . . ⎪
Vaseline . . . . ⎭

(LEREDDE.)

Séance tous les huit jours.

Si le traitement finsenthérapique échoue (ou bien s'il s'agit de lupus étendu ou de lupus des muqueuses avant tout essai finsenthérapique), application de la X radiothéra-pie : rayons 5 à 6 ; séances 2 à 3 fois par semaine sans dé-passer l'érythème.

Luxation. — Voir : *Os.*

Lymphatique. — Voir : *Cancer ou adénite.*

Mal perforant plantaire. — Faradiser le nerf tibial postérieur. Le succès est souvent très rapide.

Maladie de Graves ou de Basedow. — Voir : *Goitre exophtalmique.*

Maladie de Raynaud. — Voir : *Gangrène sénile.*

Ménorrhagie. — Voir : *Utérus.*

Menstruation (Troubles de la). — Voir : *Utérus.*

Métrites. — Voir : *Utérus.*

Métrorrhagie. — Voir : *Utérus.*

Migraine. — Bain statique, douche statique.

Galvaniser le ganglion sympathique cervical supérieur en appliquant une cathode appropriée sur le bord antérieur du sterno-cléido-mastoïdien avec la cathode indifférente à la nuque. La faradisation de l'estomac donne dans certains cas de bons résultats.

Moelle. — Voir : *Myélites. Tabes. Atrophie musculaire progressive.*

Muscles (Maladies des). — Voir : *Myalgies* et *Myopathies.*

Myalgies. — **Lombago.** — **Torticolis.** — **Rhumatismes musculaires.** — *Diagnostic* : Ne se pose que s'il y a atrophie, pour apprécier le degré des lésions (myosite ou névrite).

Traitement. — Courant galvanique avec ou sans ionisation médicamenteuse (salicylate de soude à la cathode prise comme électrode différente).

Dans le lombago : grande cathode indifférente sur l'abdomen, anode de 100 centimètres carrés sur la région douloureuse. I = 60 à 100 mA.

Durée : 20 à 30 minutes.

Dans les cas aigus de lombago on peut commencer par les étincelles révulsives de haute fréquence ou statiques. Le résultat est souvent très rapide.

Contre l'atrophie, galvano-faradisation ou faradisation rythmée.

Dans le torticolis, même traitement, sauf qu'on appliquera sur le sterno-cléido-mastoïdien une électrode plus petite et que l'intensité sera de 15 à 20 mA.

Mycosis fongoïde. — Le traitement par les rayons X donne des résultats remarquables contre cette maladie qui n'est justiciable d'aucune autre thérapeutique. On peut employer soit les doses massives (10 H en 2 séances), soit les doses fractionnées.

Myélites. — *Diagnostic* : Parmi les myélites celle qui nous intéresse le plus est la poliomyélite antérieure aiguë de l'enfant et de l'adulte.

Attendre quinze jours après l'accident initial. Si alors on constate peu d'altération de la formule habituelle d'excitation (rapprochement de la CaFe S (1) et de la AnFeS) on peut affirmer la curabilité du muscle atteint à bref délai : 3 à 5 semaines.

S'il y a inversion partielle de la formule, abolition de

(1) CaFe S = secousse de fermeture sous la cathode
AnFe S = secousse de fermeture sous l'anode
AnOS = secousse d'ouverture sous l'anode
CaOS = secousse d'ouverture sous la cathode.
La formule normale est : CaFeS > AnFeS > AnOS > CaOS.

l'excitabilité faradique et lenteur des secousses, le pronostic est plus grave, mais on peut encore espérer un bon résultat du traitement électrique bien dirigé.

Si la DR est complète l'atrophie est fatale.

Traitement. — 1° Courant continu : grande cathode sur la région médullaire. Anode sur les groupes musculaires intéressés.

I = 10 à 25 mA.

Durée : 10 minutes.

Séances tous les jours ou tous les deux jours.

2° Au bout de 2 à 3 semaines, après la fin de la période pyrétique y adjoindre la galvano-faradisation des groupes musculaires, suivant certaines règles exposées dans mon traité (p. 396).

Myoclonies, — Voir : *Tics*.

Myopathies primitives. — Paralysie pseudo-hypertrophique (Duchenne). — **Myopathie atrophique progressive** (Landouzy-Dejerine) (Leyden-Möbius). — *Diagnostic* : Pas de réaction de dégénérescence. — Diminution de l'excitabilité galvanique et faradique.

Réaction d'épuisement.

Traitement. — Galvanofaradisation rythmée pour régénérer la fibre musculaire.

Grande cathode indifférente dans le dos.

Petite cathode aux points moteurs.

Durée : 2 minutes environ pour chaque point moteur.

Séance tous les jours ou tous les deux jours.

Si l'on échoue, voir les variantes du traitement (*Traité d'électricité médicale*, p. 347).

Myopathies d'origine traumatique. — Atrophies chirurgicales, atrophie du deltoïde dans les contusions ou luxations de l'épaule, etc. — *Diagnostic* : Pas de réaction de dégénérescence à moins que le nerf soit concurremment atteint.

Diminution de l'excitabilité galvanique et faradique.

Examen radioscopique de l'articulation au besoin.

Traitement. — Comme dans le cas précédent, sauf qu'on peut prolonger la durée de la séance. Le traitement donne presque à coup sûr un bon résultat. Sa durée, de 15 jours dans les cas bénins, peut aller jusqu'à 3 mois.

Dans les atrophies d'origine articulaire, faire en outre la galvanisation : grande anode indifférente dans le dos, cathode de 50 à 150 centimètres carrés sur l'extrémité excentrique des muscles atteints.

$I = 8$ à 12 mA ; séances tous les jours ou tous les deux jours pendant 5 à 10 minutes.

Cas particulier : Pied plat, pied creux. — Voir : *Pied*.

Neurasthénie. — Bain statique, de 5 à 45 minutes, progressivement. Donner la préférence au bain positif s'il y a insomnie.

Accessoirement et suivant les besoins galvanisation du plexus solaire ; haute fréquence s'il y a hypotension artérielle ; douche statique s'il y a céphalée. Galvanisation positive contre les douleurs névralgiformes, la tachicardie. Galvanisation négative contre l'impuissance sexuelle.

Vibrothérapie dans certains cas.

Névralgies. — S'il y a une cause générale ne pas négliger le traitement de cette cause.

Si la cause est purement locale on emploiera :

1° Le courant continu à haute intensité jusqu'à 1 mA par centimètre carré de plaque.

Grande cathode indifférente.

Grande anode active de forme appropriée à la région.

$I = 20, 40, 100, 150$ mA suivant la dimension de l'électrode.

Durée : une demi-heure, 1 heure et même 1 h. 1/4.

Séances tous les jours ou tous les deux jours.

On pourra ajouter à cela l'ionisation médicamenteuse (ion salicylique, ion quinine, etc.).

2° Si l'on échoue avec le courant continu on essaiera les procédés révulsifs :

Faradisation avec le pinceau et la bobine à fil fin ;

Courant de Morton ;

Statique (friction statique) ;

Haute fréquence (électrode condensatrice ou pinceau).

Dans la *névralgie faciale*, en particulier, ne pas oublier les causes générales, paludisme, syphilis, diabète, hystérie. On arrive par le courant continu bien appliqué à des cures remarquables, alors que tout le reste avait échoué.

Dans la *sciatique*, ne pas oublier d'examiner et de traiter les atrophies musculaires quand il y a en même temps névrite.

Névrites. — *Diagnostic* : Réaction de dégénérescence plus ou moins complète : complète et précoce dans la polynévrite saturnine ; incomplète dans la polynévrite alcoolique ; elle fait défaut dans la polynévrite diphtérique et est très variable dans les névrites isolées. Le degré de la DR n'a de valeur absolue pour le pronostic que si l'on tient compte en même temps de la nature de la névrite.

Traitement. — Courant galvanique appliqué à l'aide de larges électrodes de l'extrémité à la racine du nerf.

Traiter les atrophies musculaires par le courant faradique ou galvano-faradique rythmé ou par les états variables de fermeture et d'ouverture du courant galvanique suivant les cas (V. mon *Traité*, p. 353 et suiv.).

Nœvi non vasculaires. — Nœvi pigmentaires : Peu de résultats.

Nœvi pileux : Comme l'hypertrichose, mais il reste en général un peu de pigmentation. Le nœvus s'affaisse après le traitement.

Nœvi hypertrophiques : Electrolyser avec une aiguille négative ; lotion avec l'alcool camphré après la séance. La tumeur subit une augmentation et diminue ensuite.

Nœvi vasculaires. — Se traitent par l'électrolyse bipolaire méthode de Bergonié. Les deux aiguilles sont écartées de 2 à 12 millimètres. — Intensité : 20 à 30 mA. Durée : 3 à 5 minutes.

Les simples taches ne doivent être attaquées que prudemment, 5 à 15 mA. Il y a souvent avantage à les laisser persister plutôt que de les remplacer par du tissu cicatriciel.

Pour ces simples taches, l'aigrette avec petite étincelle de haute fréquence donne d'excellents résultats (Bergonié).

Obésité. — On doit combiner ici plusieurs modes de traitement en même temps :

1° Le courant continu à haute intensité appliqué suivant le même procédé que dans la goutte, sauf l'ionisation, et complété par le courant faradique, qu'on appliquera sur les masses musculaires s'il n'y a pas de cardiopathies ;

2° Courants de haute fréquence en surveillant le cœur (auto-conduction) ;

3° Bains de chaleur, sudation, massage, gymnastique active et passive.

Occlusion intestinale. — Voir : *Intestin.*

Œsophage (Rétrécissement). — Dans le rétrécissement spasmodique : galvaniser les pneumo-gastriques. Si l'on échoue, faradisation intra-œsophagienne. En dernier ressort, recourir à la galvanisation intra-œsophagienne comme pour le rétrécissement organique.

Contre le rétrécissement organique, électrolyse olivaire négative avec des sondes œsophagiennes (sondes à bagues de Bergonié).

Oreilles (Bourdonnements. — Otite). — Promener l'électrode condensatrice de haute fréquence sur l'apophyse mastoïde et en avant du conduit auditif externe. 3 séances par semaine.

Les résultats sont très bons dans les cas où il y a otite scléreuse, hystérie ou neurasthénie.

Les courants continus et le souffle statique donnent aussi de bons résultats.

La faradisation de l'oreille réussit également bien dans l'otite moyenne scléreuse.

Os : fractures, luxations. — *Diagnostic* : Radioscopie ou radiographie. C'est l'une des applications les plus courantes de la radiologie.

Traitement. — La cure pourra être surveillée par les rayons X à travers les appareils.

L'électricité interviendra comme agent thérapeutique dans les atrophies musculaires consécutives et les raideurs articulaires.

Ostéite, tuberculose, etc. — Les rayons X permettent aussi de diagnostiquer les affections osseuses variées telles que : ostéite, ostéomyélite, tuberculose osseuse, syphilis des os.

Otite. — Voir : *Oreille.*

Ozène. — Se traite par l'électrolyse suivant deux procédés :

1° Celui de Cheval, qui consiste à introduire dans le cornet moyen une aiguille de cuivre + et une aiguille d'acier — dans le cornet inférieur ;

2° Celui de Schall, qui consiste à introduire dans une

narine une électrode + d'ouate métallisée avec du cuivre, et dans l'autre une électrode d'ouate imbibée d'eau pure.

Récemment on a obtenu de bons résultats de deux autres procédés : la photothérapie et la haute fréquence (électrode condensatrice introduite dans les narines).

Paralysie faciale. — La DR s'observe dans les paralysies d'origine névritique et non dans les paralysies d'origine centrale.

Le degré de la DR (1) est un signe important de pronostic. Si elle n'existe pas du 6e au 10e jour la guérison surviendra en 2 ou 3 semaines ; suivant son degré à cette période la guérison surviendra en 1 mois à 8 mois, et si la DR est complète il est à craindre qu'elle ne se produise jamais complètement.

Traitement. — Si la paralysie est d'origine centrale, voir : *Hémiplégie.*

Si elle est d'origine périphérique :

1o Traiter le nerf par le courant continu : grande anode indifférente de 200 centimètres carrés sur la nuque, cathode active recouvrant la moitié de la face. I = 10 à 15 mA. — Durée : 10 minutes. Séances tous les jours ou tous les deux jours au début, puis tous les deux jours.

2o Au bout de 10 jours environ, régénérer les muscles par la faradisation, ou galvano-faradisation rythmée. Avoir bien soin de veiller à ce qu'il n'y ait pas contracture.

Paralysie périphérique. — Le diagnostic et le traite-

(1) Cf. note p. 30.

ment se font d'une façon générale, comme il est dit pour la paralysie faciale et radiale.

Paralysie radiale. — *Diagnostic* : la DR est rare, on n'observe le plus souvent que des anomalies quantitatives bénigues. Le long supinateur est intéressé, contrairement à ce qui a lieu dans la saturnine.

Traitement. — Courant continu : grande anode indifférente sur la nuque. Cathode de 100 centimètres carrés sur la région postéro-externe de l'avant-bras ou manuluve. I = 20 à 40 mA.— Durée : 10 minutes. — Séances tous les jours ou tous les deux jours.

Paralysie spinale. — Voir : *Myélite*.

Paralysie de la vessie. — Traiter la cause si possible. Localement : faradiser la vessie après introduction d'eau salée et rhéophore intra-vésical. Bobine à gros fil. Séances de 5 minutes 3 fois par semaine. Galvanisation médullaire au besoin.

Paralysie du voile du palais (Branche interne du spinal). — Galvanisation directe au moyen de l'électrode courbe de Bordier, doublée d'ouate et de gaze et appliquée contre le voile du palais (pôle —). Anôde indifférente à la nuque pendant quelques minutes.

Puis faradisation ou galvano-faradisation rythmée. On peut aussi exciter la branche externe du spinal (sterno-cléido-mastoïdien et trapèze).

Parésie du sphincter anal. — Voir : *Anus*.

Parésie du sphincter vésical. — Voir : *Incontinence d'urine*.

Peau. — Voir aux titres : *Eczéma, Urticaire, Prurit, Psoriasis, Prurigo, Lupus, Acné, Nœvi, Sycosis, Chéloïdes, Sclérodermie, Verrue, Épithélioma, Mycosis fongoïde, Hypertrichose, Teigne, Favus, Pelade, Engelure, Hyperhidrose*.

Pelade. — Avoir recours en premier lieu à la haute fréquence. Electrode à manchon de verre, 4 à 5 minutes sur chaque plaque. Séances espacées de plusieurs jours. Durée : 1 mois et demi environ. Les cheveux repoussent décolorés d'abord, puis de plus en plus foncés.

En second lieu, on applique en cas d'échec les rayons X à dose excitante et non dépilante (3 à 4 H environ).

Pelvimétrie. — La mensuration du bassin à l'aide des rayons X est l'une des opérations les plus compliquées de la radiographie. Je renvoie pour son étude à mon traité complet.

Pertes séminales. — Voir : *Spermatorrhée*.

Pied plat. — **Pied creux.** — Quand le pied plat reconnaît pour cause la parésie du long péronier latéral : galvano-faradisation rythmée du péronier. Galvanisation du membre.

Pour le pied creux, traiter le triceps sural (creux talus) et les fléchisseurs (creux en griffe).

Poliomyélite aiguë. — Voir : *Myélite*.

Polynévrites. — Voir : *Névrite*.

Poumon. — Au point de vue du diagnostic on sait (V. *Tuberculose*), que les rayons X occupent l'une des premières places pour dépister la tuberculose. Ils sont très utiles aussi pour diagnostiquer les pleurésies avec ou sans épanchements, les vieilles adhérences pleurales, etc.

Au point de vue du traitement, les inhalations d'ozone sont très utiles dans les bronchites chroniques.

Prolapsus du rectum. — Voir : *Rectum.*

Prolapsus utérin. — Voir : *Utérus.*

Prostatites. — **Hypertrophie de la prostate.** — Plusieurs traitements possibles :

1º Application directe de haute fréquence dans l'anus (électrode de Doumer). Séances de 5 minutes 3 fois par semaine ;

2º Electrolyse circulaire, comme pour les rétrécissements ;

3º Faradisation ou voltaïsation sinusoïdale, même technique que pour l'électrolyse, ou méthode recto-abdominale.

Résultats parfois rapides.

Prurigo. — Comme pour l'eczéma. — Résultats moins certains.

Prurit. — Même traitement que pour l'eczéma. — Voir : *Eczéma.* Les résultats de l'application de haute fréquence sont ordinairement rapides et durables.

Prurit anal. — Voir : *Anus.*

Psoriasis. — Le traitement sera à peu près le même que

celui de l'eczéma, mais ici la haute fréquence est très supérieure à la statique. La statique donne le plus souvent des échecs, tandis que la haute fréquence appliquée à l'aide du pinceau donne ordinairement des résultats certains. Les rayons lumineux et les rayons X donnent aussi de bons résultats.

Rachitisme. — Voir : *Scoliose.*

Reins. — Voir : *Calculs.*

Rétention d'urine. — Voir : *Paralysie de la vessie.*

Rétrécissement de l'œsophage. — Voir : *OEsophage.*

Rétrécissement de l'urètre. — Deux méthodes : électrolyse linéaire ; électrolyse olivaire.

L'*électrolyse linéaire* se fait avec un appareil analogue à l'urétrotome. La lame est reliée au pôle négatif, une électrode indifférente étant placée sur l'abdomen ou ailleurs. 10 à 15 mA suffisent le plus souvent.

L'*électrolyse olivaire* se fait avec des olives ou des bougies à bagues de Bergonié-Bordier, reliées aussi au pôle négatif. Cette méthode est supérieure en général.

La cure électrolytique des rétrécissements donne des résultats rapides et durables.

Rhumatisme articulaire subaigu ou chronique. — Voir : *Arthrite.* Traitement par l'ionisation salicylée.

Rhumatisme chronique. — Traiter l'état général et les manifestations locales.

L'état général se traite surtout par l'auto-conduction appliquée à l'aide du grand solénoïde ou des spirales de haute fréquence.

Les manifestations locales se traitent par l'ionisation salicylée en enveloppant les articulations malades de grandes cathodes imbibées de solution d'acide salicylique à 1 0/0, l'anode indifférente étant placée sur le dos. Les séances se font en moyenne 3 fois par semaine.

Rhumatisme musculaire. — Voir : *Myalgie.*

Sarcome. — Voir : *Cancer.*

Sclérodermie. — Sclérodermie circonscrite : électrolyse comme pour les chéloïdes.

Sclérodermie étendue : galvanisation de la moelle et du sympathique au cou. Promener une cathode appropriée sur la région malade.

La statique (effluvation) et les rayons X ont donné aussi des succès.

Scolioses. — *Diagnostic* : Explorer s'il y a lieu les muscles du dos, du thorax, de la nuque.

Si l'excitabilité faradique est perdue le traitement aura peu de chances de succès.

Pratiquer aussi au besoin l'examen radioscopique ou radiographique qui fixe sur l'évolution rachitique.

Traitement. — (Bergonié). Faradisation rythmée des masses musculaires du côté convexe au moyen d'électrodes de 100 centimètres carrés environ.

Ne pas traiter s'il y a ostéite ou arthrite rachidienne.

Spermatorrhée. — Traitement variable suivant la cause :

1° Galvanisation : anode sur le périnée, cathode sur la région lombaire. I = 15 à 20 mA. Durée : 10 minutes, 3 séances par semaine ;

2° Si elle est due à l'atonie de l'appareil éjaculateur, traitement analogue à celui de la prostatite, avec électrode indifférente au périnée (courant galvanique rythmé) ;

3° Faradisation (fil fin) des régions périnéales, lombaires et au besoin intra-rectales.

Sphincter anal (Parésie du). — Voir : *Anus*.

Sycosis. — Haute fréquence : étincelles ou effluves.

X Radiothérapie : rayons n° 5.

Photothérapie.

La galvano-cautérisation ignée donne aussi de bons résultats en touchant avec la pointe fine les petites pustules au fur et à mesure qu'elles se forment.

Synovites tendineuses chroniques simples. — La galvanisation négative donne d'excellents résultats.

Tabes. — *Diagnostic* : L'exploration électrique n'est utile que lorsque les cellules des cornes antérieures de la moelle sont secondairement touchées. On peut trouver la DR plus ou moins complète dans les territoires intéressés.

Les rayons X peuvent dans certains cas montrer une raréfaction et une disparition du tissu osseux avec ostéophytes envahissant l'articulation.

Traitement. — Il ne faut pas compter l'électricité comme

agent curateur. On cite cependant des cas heureusement traités par le courant continu au début, galvanisation de la moelle suivant le mode opératoire qu'on trouvera exposé dans mon traité (p. 388).

Certains symptômes : douleurs, parésies, etc. seront améliorés soit par le courant continu, soit par le courant faradique.

Taches de feu. — Taches de vin. — Voir : *Nævi vasculaires*.

Teignes cryptogamiques. — Le traitement des teignes n'est plus qu'un jeu depuis l'emploi des rayons X. Ils permettent de provoquer la chute des cheveux temporaire dans toutes les régions atteintes.

La guérison s'opère parfois avec une seule épilation, souvent avec deux, à deux mois d'intervalle.

Employer les rayons n°s 4 à 5 à la dose de 4 à 5 H.

On peut activer la chute par des savonnages quotidiens ou par une friction de teinture d'iode étendue de 5 fois son volume d'alcool.

Tics. — 1° Galvanisation positive des muscles intéressés. — Séances d'un quart d'heure tous les deux jours environ.

Intensité variable suivant les régions (0 mA, 1 à 1 mA par centimètre carré d'anode) ;

2° Faradisation dans certains cas.

Torticolis. — Voir : *Myalgies*.

Trichophytie. — Voir : *Teignes*.

Tuberculose pulmonaire. — *Diagnostic* : L'examen ra-

dioscopique ordinaire donne qualitativement les différences
d'aspect des deux poumons, révèle les zones de congestion
plus sombres, les épaississements pleuraux, les zones ramol-
lies, les cavernes, les ganglions bronchiques.

L'examen orthodiascopique permet d'apprécier :

1° L'aire du cœur : un cœur petit est un signe présomptif
un cœur plus gros est un signe pronostique favorable ;

2° L'angle costal fonctionnel en degrés ;

3° L'ampliation diaphragmatique en millimètres ;

4° Les constantes thoraciques.

Traitement. — On peut employer prudemment les inhalations d'ozone, les courants de haute fréquence sur le rachis
quand il y a hypotension, ce sont là des adjuvants utiles,
qui permettent de surveiller de près un malade soumis au
traitement médical rigoureux.

Tumeurs malignes. — Voir : *Cancer.*

Ulcère variqueux. — Effluvation statique ou de haute
fréquence. Les résultats de ce traitement sont souvent rapides. J'ai eu quelques exemples remarquables, même chez
des diabétiques et pour des plaies variqueuses très anciennes.

Urine (Incontinence d'). — Voir : *Incontinence.*

Urine (Rétention d'). — Voir : *Paralysie de la vessie.*

Urticaire. — Effluvation statique et de haute fréquence
comme dans les prurits. Les résultats définitifs sont plus
difficiles à atteindre.

Utérus (Atrésie du canal utérin). — La dilatation
se fait par l'électrolyse au moyen d'une olive portée direc-

tement à l'extrémité d'un hystéromètre spécial et reliée au pôle négatif, une anode indifférente est placée sur l'abdomen.

I = 30 à 60 mA. Durée : 3 à 10 minutes. Plusieurs séances à 8 jours d'intervalle chacune.

Utérus (Déviation. Prolapsus). — Traiter s'il y a lieu les états congestifs ou infectieux. Puis faradiser : introduire l'hystéromètre de platine — dans le col, appliquer l'électrode indifférente + sur le ventre s'il y a rétroversion, sur le sacrum s'il y a antéversion. Bobine à gros fil, interruptions lentes. Séances de 5 à 10 minutes tous les deux jours. L'action résolutive du courant faradique est au moins aussi importante ici que l'action directe sur les ligaments, mise en doute par certains auteurs.

Utérus. — **Fibromes utérins.** — *Traitement* : Si le symptôme hémorrhagie domine la scène, galvanisation positive intra-utérine avec l'hystéromètre de platine. I = 40 à 80 mA.

Durée : 10 minutes. 1, 2 ou 3 séances par semaine. Si l'on a affaire à un fibrome douloureux, on faradisera l'utérus avec la bobine à fil fin, électrode intra-utérine bipolaire.

S'il s'agit d'un fibrome grossissant rapidement sans hémorrhagies ni douleurs, il y aura intérêt à faire la galvanisation négative.

Il y a contre-indication s'il y a inflammation des annexes. Le résultat est ordinairement rapide et sûr.

Utérus : métrorrhagies. — *Traitement* : Galvanisation dans les métrorrhagies par métrites, par fibromes, dans les hémorrhagies du post-partum dues à la sub-involution sans métrite septique ni rétention, dans les hémorrhagies congestives de cause locale ; dans ces deux derniers cas on emploie aussi la faradisation. On faradise généralement dans tous les cas où les phénomènes inflammatoires sont presque nuls et où il y a surtout atonie du muscle utérin.

Les séances ont lieu 1, 2 ou 3 fois par semaine ; la durée en est de 10 minutes à 1/4 d'heure.

Utérus : métrites. — *Diagnostic* : S'il y a intolérance au passage d'un courant de 50 mA appliqué à l'aide d'une électrode intra-utérine et d'une électrode abdominale c'est que les annexes sont malades. Il en est de même s'il y a réaction inflammatoire après la séance.

Dans quelques cas l'intolérance s'atténue au bout de quelques séances (annexites en voie de régression ou hystérie) ; si elle s'accentue : cesser tout traitement.

Traitement. — Courant continu : cathode indifférente de 200 centimètres carrés au moins sur l'abdomen, anode intra-utérine constituée par des crayons de charbon ou un hystéromètre de platine.

Intensité élevée de 0 à 50, 100 mA et même plus.

Durée 5 à 8 minutes. 1 ou 2 séances par semaine.

Dans certains cas on emploie des électrodes solubles (Cu, Ag, Zn, etc.).

Les résultats sont ordinairement très satisfaisants.

Utérus : troubles de la menstruation — AMÉNORRHÉE. — Bain statique qui provoque la congestion des organes du petit bassin. 20 minutes tous les jours. Etincelles révulsives sur la région lombaire. Au besoin faradisation intra utérine, possible souvent sans défloration et nécessaire si l'aménorrhée vient de l'insuffisance de développement de l'utérus (utérus infantile).

MÉNORRHAGIE. — Se traite comme les hémorrhagies utérines par la galvanisation qui réussit en particulier dans les ménorrhagies par congestion ou métrites virginales, mais dans ces cas on commencera par essayer la faradisation lombo-sus-pubienne. — Voir : *Hémorrhagies*.

DYSMÉNORRHÉE. — Si la cause n'est pas congestive : bain statique. S'il y a à craindre un état congestif : faradisation lombo-sus pubienne ou intra-utérine, bains à courants sinusoïdaux.

S'il y a atrésie du col, la traiter. — Voir : *Atrésie*.

S'il y a pseudo-métrite, galvaniser ou faradiser.

La dysménorrhée avec subinvolution post-partum se traitera par la faradisation intra-utérine.

Vaginisme. — Faradisation avec la bobine à fil fin au moyen de l'électrode bipolaire vaginale.

Haute fréquence en application locale (mandrins dilatateurs).

Verrues. — Electrolyse par galvano-poncture négative ; laver avec l'alcool camphré. La verrue tombe du 8e au 12e jour.

Dans les cas de verrues cornées du visage on a parfois avantage à employer les rayons X suivant la technique des épithéliomas cutanés.

Vessie (Paralysie de la). — Voir : *Paralysie*.

Voix, fatigue vocale. — L'effluvation statique ou de haute fréquence exerce une action favorable sur la voix des chanteurs.

La voix gagne en hauteur. Les notes aiguës sont mieux soutenues.

Vomissements nerveux.— Vomissements incoercibles de la grossesse.— Galvanisation ; cathode de 150 centimètres carrés sur la région épigastrique ; 2 anodes de 20 à 40 centimètres carrés sur le trajet des pneumo-gastriques au cou (entre les 2 faisceaux du sterno-cléido-mastoïdien). $I = 10$ à 15 mA. Pour réussir, le traitement doit être appliqué seulement, chaque fois qu'il y a menace de vomissements, au début tout au moins.

Yeux. — Beaucoup de maladies des yeux sont justiciables d'un traitement électrique, mais le plus souvent l'application est du ressort de la spécialité plus que de l'électricité générale.

Citons le trachome qu'on traite par l'électro-poncture, l'entropion qu'on traite en produisant du tissu cicatriciel électrolytique sur le bord de la paupière, le rétrécissement des voies lacrymales qu'on traite par l'électrolyse (cathétérisme), les opacités cornéennes, taies, etc. que l'électrolyse améliore quelquefois rapidement ; l'électro-poncture positive a guéri nombre de cas de décollement de la rétine.

Quant aux blépharites ulcéreuses ou squameuses, elles sont du ressort de la radiothérapie générale, les résultats de l'application des rayons X sont excellents.

———

Tableau indiquant les principales applications de ces différentes formes de l'énergie électrique.

COURANT CONTINU	Courant faradique, galvano-faradique, sinusoïdal	COURANT de haute fréquence	Electricité statique Courants de Morton	RAYONS X ET RADIUM	Rayons lumineux et caloriques	Galvano-caustique	Mécanothérapie Massothérapie	Aimants	Ozone
Affections neuro-musculaires en général : Leur diagnostic, leur traitement en particulier : *Myopathies, Atrophies musculaires ;* *Pied plat, Pied creux ;* *Myalgies, Lombago, Rhumatismes musculaires ;* *Névrites, Polynévrites ;* *Paralysies ;* *Névralgies, Sciatiques, etc. ;* *Migraines ;* *Affections médullaires* pour le diagnostic et dans quelques cas pour le traitement, comme paralysie spinale infantile ; *Hémiplégie ;* *Chorée, Tics ;* *Crampes des écrivains et télégraphistes ;* *Hystérie* (diagnostic et cure) ; *Neurasthénie ;* *Goitre exophtalmique* (traitement de choix) ; *Maladie de Reynaud, Mal perforant plantaire.* **Voies génito urinaires :** *Métrite ;* *Hémorrhagies ;* *Fibromes ;* *Atrésie du col ;* *Déviation, Prolapsus ;* *Dysménorrhée ;* *Rétrécissements de l'urètre ;* *Certaines prostatites ;* *Incontinence d'urine.* **Voies digestives :** *Constipation spasmodique et atonique ;* *Occlusion ;* *Vomissements nerveux, œsophagisme.* **Peau :** *Chéloïde, Hypertrichose, Sclérodermie.* **Arthritisme :** *Goutte, obésité.* **Anévrismes ; Angiomes ; Nœvi.** **Adénites ; Arthrites ; Ankylose ; Ozène.**	Toutes les maladies justiciables des périodes d'état variable du courant continu doivent ordinairement être traitées aussi par le courant faradique ou galvano-faradique ou sinusoïdal. Ils ont surtout pour indications la régénération de la fibre musculaire. En outre, on les applique suivant certaines modalités dans quelques cas de névralgies, migraines, chorée, tics, etc. Ils ont de nombreuses applications en orthopédie, en gynécologie orthopédique dans le traitement des ptoses, de l'obésité etc. Ils permettent de compléter l'électro-diagnostic dans les maladies du système neuro-musculaire.	Eczéma ; Prurits ; Prurit anal, vulvaire ; Psoriasis ; Lupus érythémateux ; Acné ; Sycosis ; Chéloïde (incertain) ; Pelade ; Engelures. Arthritisme ; Goutte ; Obésité ; Diabète : Hémorrhoïdes, fissure anale ; Prurit anal ; Vaginisme ; Hystérie, neurasthénie ; Ulcères variqueux ; Certaines névrites et névralgies ; Fatigue vocale ; Bourdonnements d'oreille.	Neurasthénie : Hystérie ; Chorée ; Tics ; Crampes professionnelles ; Certaines névralgies ; Migraine ; Fatigue vocale ; Certaines maladies de peau ; Eczéma ; Prurits, sclérodermie ; Engelures ; Dilatation d'estomac ; Atonie intestinale ; Constipation atonique (par les courants de Morton).	**1° Diagnostic :** α) *Affections du système osseux :* Ostéomyélites ; Arthrites ; Tuberculose, etc. *Cas chirurgicaux :* Fractures, luxations. β) *Affections des voies respiratoires :* Diagnostic de la tuberculose par l'examen direct du poumon, la mensuration du cœur, de l'amplitude du jeu du diaphragme de l'angle costal. γ) *Affections du cœur et des gros vaisseaux :* Mesure du cœur ; Examen des anévrysmes. δ) *Affections du médiastin :* Ganglions, etc. ε) *Calculs du rein.* ξ) *Corps étrangers.* **2° Traitement :** *Cancer,* surtout les cancers superficiels ; *Affections de la peau :* Eczéma ; Prurits ; Lupus ; Psoriasis ; Acné ; Verrues, épithéliomes ; Mycosis fongoïdes ; Pelade ; Teigne par l'épilation ; Épilation.	*Rayons lumineux intensifs* (Finsen) : Lupus ; Peau. *Rayons lumineux et caloriques, etc. :* Toutes les applications des bains de chaleur ; Procédé de sudation ; Obésité : Rhumatisme ; Certaines névralgies, etc.	Toutes les applications de la thermocaustique et en particulier : Cautérisation des amygdales ; Ablations ; Cautérisations du pharynx.	Toutes les applications du massage. Bons résultats dans certaines dyspepsies d'origine nerveuse où les voyages en chemin de fer et automobiles donnent aussi de l'amélioration ; Scoliose ; Orthopédie ; Obésité ; Algies ; Ankyloses, etc.	Dans quelques cas : Extractions des corps étrangers ; Cure de certaines manifestations douloureuses de l'hystérie.	Voies respiratoires ; Tuberculose (adjuvant du traitement)

TABLE DES MATIÈRES

PUBLICATIONS DU MÊME AUTEUR

Travaux scientifiques.

Anomalie des artères rénales. *Journal de l'anatomie et de la physiologie normales et pathologiques*, juillet-août 1895.

De l'albuminurie dans les maladies chroniques et de ses rapports avec la pression artérielle. Thèse de Paris, 1896. (Steinheil, édit.)

Appareil permettant de prendre des radiographies de la cage thoracique, soit en inspiration, soit en expiration. Résultats obtenus. *Comptes rendus de l'Académie des Sciences.* Séance du 8 août 1898.

De l'angle d'inclinaison des côtes étudié à l'aide de la radioscopie et de la radiographie à l'état sain et à l'état morbide, en particulier dans la pleurésie sans épanchement (MM. Bouchard et Guilleminot). *Comptes rendus de l'Académie des Sciences.* Séance du 12 juin 1899.

Des incidences en radiologie. *Archives d'électricité médicale*, 15 mai 1899 et 15 août 1899.

Communication sur la définition des incidences dans la radiographie clinique. — Définition de la situation du tube de Crookes par rapport au sujet et à la plaque sensible. *Congrès de Boulogne, A. F. A. S.*, 20 septembre 1899.

Appareil permettant d'étudier le cœur aux différentes phases de sa révolution. *Comptes rendus de l'Académie des sciences.*

Séance du 21 août 1899, et *Archives d'électricité médicale,* décembre 1899.

Radioscopie et radiographie cliniques de précision. 1 vol., in-8° 1900. Ouvrage couronné par l'Académie des Sciences (Prix de médecine et chirurgie 1900).

Précision de l'incidence en radiologie, méthode complète simplifiée par l'emploi du radiogoniomètre. *Archives d'électricité médicale,* 15 avril 1900.

Procédé commode pour connaître instantanément l'incidence au cours des examens radioscopiques. *Archives d'électricité médicale,* 15 juillet 1900.

De l'importance de la recherche du rayon normal en radioscopie. Présentation d'instruments. *A. F. A. S. Congrès de Paris,* 1900.

Incidences en Radiologie. *Congrès d'Electrologie et de Radiologie médicales,* Paris, 1900.

Dispositif permettant d'obtenir le graphique des projections normales d'organes en radioscopie clinique. *Archives d'électricité médicale,* novembre 1900.

Spirales de haute fréquence et de haute tension. Effets interpolaires et différentes modalités de l'effluve. *Archives d'électricité médicale,* 15 mai 1901.

Note sur un dispositif permettant commodément de faire la radiographie du sujet couché, ampoule en dessus, avec examen radioscopique préalable. *Archives d'électricité médicale,* janvier 1902.

Indicateur d'incidence s'adaptant à un lit radiographique quelconque. *Archives délectricité médicale,* février 1902.

De l'emploi de l'interrupteur redresseur Villard pour la production [des rayons X et des courants de haute fréquence en médecine. *Archives d'électricité médicale,* avril 1902.

Sciagrammes orthogonaux du thorax. *Comptes rendus de l'Académie des Sciences,* 24 juin 1902.

Mode opératoire pour obtenir les projections orthogonales radioscopiques *Congrès de Berne*, 1902, et *Archives d'électricité médicale*, novembre 1902.

Self de réglage pour les résonateurs de haute fréquence. *Comptes rendus de l'Académie des Sciences*, 4 août 1902 et *Congrès de Berne* 1902.

Ueber einige Vorrichtungen zur Durchleuchtung des körpers und zur Grössenbestimmung der Organe. *Fortschritte auf dem Gebiete der Röntgenstrahlen*. Band V. 1902.

Mensuration des diamètres et de l'aire du cœur sur l'écran radioscopique sans graphique.—Dispositif nouveau s'adaptant à un écran quelconque. *Archives d'électricité médicale*, 15 décembre 1902.

De la puissance maxima des courants employés en médecine et des moyens de l'obtenir. *Archives d'électricité médicale*, 15 janvier 1903.

Le cautère sur les secteurs de ville à courant continu. — Dispositif économique. *Archives d'électricité médicale*, 15 avril 1903.

Construction simple d'un réducteur de potentiel à liquide pour la galvanisation. *Archives d'électricité médicale*, 15 avril 1903.

Production de l'ozone par les spirales à haute tension et à haute fréquence. *Comptes rendus de l'Académie des Sciences*. Séance du 29 juin 1903.

Rapport sur l'état actuel de l'orthodiagraphie. *Congrès d'Angers, A. F. A. S.*, août 1903.

Technique de la radioscopie et de la radiographie médicales ordinaires. Article du *Traité de la radiologie*, publié sous la direction du Professeur Bouchard. Secrétaire de la rédaction de ce traité, 1903. Steinheil, édit.

Nouvelles fiches orthogonales présentées par M. Radiguet au *Congrès de l'A. F. A. S.*, à Angers, août 1903.

Les travaux de M. Blondlot sur les rayons N et premières recherches de M. Charpentier sur les rayons N émis par l'organisme.*Archives d'électricité médicale,*25 janvier 1904.

Etat actuel de la question des rayons N, *Archives d'électricité médicale*, 25 mai 1904 et 10 juin 1904.

Un cas de radiodermite simultanée chez l'opérateur et l'opérée. Communication au *Congrès de l'A. F. A. S.* Grenoble, août 1904.

Sur un cas de cancer ulcéré du sein traité par les rayons X et quelques observations relatives au traitement des carcinomes et épithéliomes par les rayons X. *Congrès de l'A. F. A. S.*, août 1904.

Electricité médicale, 1 vol. de 655 pages en 3 parties.
1ʳᵉ Partie. — *Partie physique* : étude des différentes formes de l'énergie électrique, des radiations et des agents connexes au point de vue physique, 188 pages.
2ᵉ Partie. — *Partie physiologique*, 130 pages.
3ᵉ Partie. *Partie clinique et thérapeutique*, 292 pages. Chez Steinheil, édit. 1905 (*Traduit en anglais, allemand et espagnol*).

L'aire cardiaque chez les tuberculeux guéris. *Comptes rendus de l'Académie des Sciences*, 20 mars 1905 et Thèse de M. A. Chiron, 1905.

Les rayons N ne paraissent pas influencer la résistivité du sélénium ni modifier l'influence de la lumière sur cette résistivité. *Archives d'électricité médicale*, 10 avril 1905.

Étude des côtes par l'orthodiascopie. *C. R. Ac. Sc.*,17 juillet 1905 et thèse de M. Vannier, 1905.

Étude du diaphragme par l'orthodiascopie.*C. R. Ac. des Sc.*, 24 juillet 1905 et thèse de M. Vannier, 1905.

Quelques points de la technique de la radiothérapie des tumeurs cancéreuses. *Communication au Congrès de Röntgen.* Berlin, avril-mai 1905 et *Archives d'électricité médicale*, 10 mai 1905 et 25 juin.

L'orthodiagraphie et le diagnostic de la tuberculose,aire du cœur. *Revue de la Tuberculose*, juin 1905.

Nouveau cadre pour radioscopie. Guilleminot et Radiguet. *Congrès de l'A. F. A. S.*, à Cherbourg, août 1905.

Nouveaux résultats de l'orthodiagraphie. *Congrès de l'A. F. A. S.*, à Cherbourg, 1905.

L'orthodiagraphie appliquée au diagnostic des affections thoraciques. *Rapport au premier Congrès international de physiothérapie*. Liège, août 1905.

Application de la radioscopie de précision au diagnostic de la tuberculose. *Congrès de la tuberculose*, Paris, octobre 1905.

Travaux personnels dans l'appareillage.

Dispositif permettant de dissocier les phases de la respiration (Radiguet, 1898). *C. R. Ac. Sc.*, 8 avril 1898.

Dispositif permettant de dissocier les phases de la révolution cardiaque. *C. R. Ac. Sc.*, 12 juin 1899.

Lit radiographique et cadre à ampoule mobile pour les examens radioscopiques (Radiguet, 1898). *Arch. Elect. Méd.*, 15 mai 1899.

Indicateur de rayon normal (Radiguet, 1900, *Congrès de l'A. F. A. S.* (Paris). *Arch. Elect. Med.*, 1902.

Le Radiogonomètre, appareil pour définir les incidences en radiographie (Radiguet, 1900).

Orthodiagraphe (Radiguet, 1900). *Arch. Elect. Méd.*, nov. 1900. Derniers modèles, Radiguet et Massiot, 1904.

Spirales de haute fréquence et haute tension. Appareil breveté par Radiguet et Massiot, 1901.

Ozoneur à spirales de haute tension. *C. R. Ac. Sc.*, 24 juin 1903.

Dispositif économique pour installer le cautère sur les secteurs de ville à courant continu. *Arch. Elect. Méd.*, 15 avril 1903.

A LA MÊME LIBRAIRIE

BELOT. — Traité de radiothérapie. Deuxième édition, revue et corrigée. Préface de M. Brocq, médecin de l'hôpital Broca. Un vol. in-8° raisin de 628 pages, avec 28 figures dans le texte et 13 planches. Prix, cartonné. . . . . 15 fr.

BOUCHARD (Ch.). — Traité de Radiologie médicale, publié par Ch. Bouchard, professeur à la Faculté de médecine de Paris, membre de l'Institut. — Secrétaire de la rédaction : H. Guilleminot. 1 vol. grand in-8° jésus de 1100 pages, avec 357 figures et 7 planches hors texte. Prix. . . . . 30 fr.

GUILLEMINOT (H.). — Electricité médicale. 1 in-16 de xii-612 pages, avec 76 figures dans le texte et 8 planches hors texte en couleurs. Prix cartonné. . . . . 10 fr.

EICHHORST. — Traité de diagnostic médical. Traduit et annoté sur la 4e édition allemande par les Drs **A.-B. Marfan**, agrégé de la Faculté, médecin des hôpitaux, et **Léon Bernard**, médecin des hôpitaux.

Troisième édition française, in-8° jésus de 880 pages, avec 288 figures en noir et en couleur et planches hors texte en couleur. Prix. . . . . 20 fr.

MOYNAC. — Manuel de pathologie générale et de diagnostic. 6e édition, revue et considérablement augmentée par le Dr Constant Hillemand, ancien interne des hôpitaux de Paris, lauréat de la Faculté, 2 volumes in-16.

Tome I. — **Pathologie générale.** 752 pages, 49 figures.

Tome II. — **Séméiologie,** 828 pages, 51 figures.

Prix de l'ouvrage complet en 2 volumes . . . . . . 12 fr.

STOHR (Ph.). — Traité technique d'histologie, Traduit par les docteurs H. Toupet et Critzman.

Troisième édition française, complètement remaniée, d'après la 10e édition allemande, par le Dr Mulon, préparateur d'histologie à la Faculté de médecine de Paris. Préface du professeur Cornil. 1 vol. gr. jésus de 514 pages, avec 339 figures en noir et en couleurs. Prix . . . . 15 fr.